Johannes Sattler Im Reich des Oybin

Im äußersten Südosten von Sachsen erstreckt sich das Zittauer Gebirge mit seiner namhaftesten Erhebung – dem kleinen, aber faszinierenden Oybin. Es ist eine reizvolle und liebenswerte Landschaft, die durch ihre Vielfalt auf engstem Raum überrascht. Sie wurde gemeinsam mit dem angrenzenden Gebirgsvorland im Jahre 2008 zum Naturpark Zittauer Gebirge und damit 100. Naturpark Deutschlands erklärt.
Südlich schließt sich das tschechische Landschaftsschutzgebiet Lužické hory (Lausitzer

Im Reich des OYBIN

Johannes Sattler

Berg Oybin

Hinter dem Namen Oybin verbirgt sich ein mehr als einhundert Meter hohes, eher rundlich als kantig wirkendes, von Spalten und Absätzen durchzogenes Sandsteinmassiv. Seinen bewaldeten Gipfel krönt eine der schönsten und imposantesten Burgruinen Deutschlands. Der Fels ist Blickfang in einem Talkessel, der von einem Kranz durchweg höherer Berge umgeben ist. Nur ein enges Tal verbindet das gleichnamige Dorf zu seinen Füßen mit dem Gebirgsvorland und der Stadt Zittau.

Der Mensch näherte sich dem Oybin vermutlich mit der Erkenntnis, hier einen Berg vor sich zu haben, den man wegen seines einzigen und im Mittelalter leicht zu verteidigenden Zuganges befestigen konnte. Auf die erste Behausung mit einer noch primitiven Wehranlage verweisen in den Archiven aber lediglich vereinzelte Dokumente aus dem 13. Jahrhundert. Von der nachfolgenden kleineren Burg dagegen haben auch Mauern die Zeit überdauert. Die größten und bedeutendsten Gebäude entstanden dann im 14. Jahrhundert, als der Oybin zu Böhmen gehörte. Der böhmische Adlige und spätere Marschall Heinrich von Leipa ließ 1310 für die Sicherung der Handelswege die strategisch wichtige Leipaburg in der heute noch erkennbaren Ausdehnung errichten. Nach mehrmaligem Eigentümerwechsel ging sie im Jahre 1346 in den Besitz von Kaiser Karl IV. über. Für die Festigung seiner Macht wurden die Leipaburg ausgebaut und ihre Verwaltung 1364 der Stadt Zittau übertragen, die im gleichen Jahr das sogenannte Kaiserhaus errichten musste. Karl IV. holte Cölestinermönche nach dem Oybin und stiftete dem Orden eine Kirche. Diese Klosterkirche, eine einschiffige Hallenkirche, an der auch Steinmetze aus der Prager Dombauhütte des Peter Parler gearbeitet haben sollen, wurde ein Meisterwerk der gotischen Baukunst. Nach der Reformation verlor das Kloster jedoch an Einfluss und Bedeutung. Der letzte Mönch verließ 1559 den Oybin. Ein durch Blitzschlag ausgelöster mehrtägiger Brand wütete 1577 in den Gemäuern. Ein Felssturz zerstörte 1681 den Bergfried und weitere Gebäude. Es blieben nur Ruinen übrig, für die sich vorerst niemand interessierte. Das änderte sich dann, als sich in der Epoche der Romantik Maler wie Carl Gustav Carus, Caspar David Friedrich oder Johann Alexander Thiele – ihre Werke sind heute in internationalen Museen ausgestellt – von den Ruinen magisch angezogen fühlten. Im Schlepptau hatten sie Wanderer und Ausflügler in stetig steigender Zahl. Auch die Könige des sächsischen Königshauses, die sommers wie winters regelmäßig mit ihren Familien in Oybin weilten, erstiegen mehrmals den Berg.

links: Blick vom Pferdeberg auf den Oybin

Die Ruinen des Oybins im Scheinwerferlicht

Seite 6: Der Oybin
Seite 7: Ruine der Klosterkirche auf dem Oybin

rechts: Die Oybiner Kirche während der Weihnachtszeit

Das jetzige untere Burgtor

links: Das obere Burgtor

Die Klosterkirche vom Südgipfel des Oybin

links: Der Triumphbogen über dem Kirchenschiff

Seite 12: Pfeiler der Klosterkirche
Seite 13: Fenster der Klosterkirche

Der Hochwald, eingerahmt von einem Fenster des ehemaligen Amtshauses auf dem Oybin

rechts: Das Bibliotheksfenster

Ausladende Eiche am Bergringweg

Seite 20:
links oben: Der Bergfriedhof neben der Klosterkirche wurde bereits in den Jahren 1512 – 1516 angelegt.
rechts oben: Ein Farbtupfer
links unten: Abendstimmung an der Klosterkirche
rechts unten: Der älteste Grabstein auf dem Friedhof erinnert an den 1550 verstorbenen Peter von Debschitz.
Seite 21: Detail des reich verzierten Zeißigschen Rokokograbmals

links: Eine »sitzende« Kiefer

Der Hochwald vom Südgipfel des Oybin

Die Ruinen des Oybins über dem Hausgrund

links: Bauchige Felswand am Fuß des Oybin, im Hintergrund der Scharfenstein

Seite 24: Nebelschleier verhüllen den Oybin.
Seite 25: Das Oybintal an einem Sommermorgen

links:
Winterlicher Bergfriedhof mit der Nordwand des Kaiserhauses und dem Schuppenberg

Schuppenberg und Oybin

Die Mauerkrone der Klosterkirche vor dem Südgipfel des Oybin

Felsengassen und Töpfer

Hoch über Oybin können wir auf einem Wanderweg das längste zusammenhängende Felsgebiet des Gebirges durchqueren. Uns erwartet allerdings keine – mitunter langweilig wirkende – Forststraße, sondern ein schmaler Weg, stellenweise nur Pfad, der ab und zu von Stufenreihen unterbrochen wird. Durch die Große Felsengasse verläuft er auf dem Grunde einer Schlucht, die den Ausläufer der Brandhöhe in zwei parallel verlaufende Sandsteinformationen teilt. Der Begriff Gasse ist einst gut gewählt worden, lässt sich die felsige Schlucht doch tatsächlich mit dem Raumgefühl in einer mittelalterlichen Stadt vergleichen. Die talseitigen Felswände sind durchbrochen, geben immer wieder den Blick nach Oybin frei. Jenseits der Großen Felsengasse taucht vor uns der Scharfenstein zwischen den Bäumen auf, ein Felsturm, der von den Einheimischen oft liebevoll als Matterhorn bezeichnet wird. Dieser mit Eisenleitern versehene Aussichtsfelsen wäre wie sein Umfeld schon längst verwittert, wenn nicht aufsteigende thermale Lösungen sein Gestein verkieselt und damit widerstandsfähiger gemacht hätten. Den Aufstieg zu seiner neuen Wetterfahne sollte sich niemand entgehen lassen, winkt doch als Lohn eine der umfassendsten Rundsichten des Gebirges. Die sich anschließende Kleine Felsengasse gehört schon zum Töpfergebiet. Sie verlassend erreichen wir über viele Stufen an der Luisenhöhe vorbei das Wanderziel: den Töpfer.

Das Auffälligste am Töpfer ist sein längliches Felsplateau mit einem unscheinbaren Gipfel mitten im Wald. Seine vielen unterschiedlichen Felsformationen regen die Fantasie der Besucher gehörig an. Im Umkreis der Töpferbaude finden wir beispielsweise eine Brütende Henne, den Papagei und mehrere Schildkröten vor. Die meisten Felsen bekamen ihren heutigen Namen mit den Anfängen des Klettersports im Zittauer Gebirge vor mehr als einhundert Jahren.

Den Weg durch die malerischen Felsengassen bis zum Töpfer verdanken wir dem Zittauer Verein Globus. Er beeinflusste wie kein anderer die Entwicklung des Fremdenverkehrs im Zittauer Gebirge. Bereits 1878 legten seine Mitglieder eine Aussicht auf großem Felsentor, direkt neben der Töpferbaude, an. Die Mönchskanzel oder die Fuchskanzel am Straßberg kamen hinzu. Weitere Wege am Töpfer oder im Umkreis des Albertfelsens bei Jonsdorf belegen, wie durch Zusammenarbeit mit den Gebirgsvereinen ein Wegenetz ausgebaut wurde, auf dem wir noch heute zu den schönsten Plätzen des Zittauer Gebirges gelangen. Höhepunkt der Vereinsgeschichte war die Einweihung des steinernen Aussichtsturmes auf dem Hochwald im Jahre 1892.

links: Die talseitige Felskette der Großen Felsengasse

Ein stiller Abend hoch über Oybin

Nebel durchzieht die Große Felsengasse

Seite 30: Der Große Felsengassenturm
Seite 31: Der Muschelsaal, eine Felswand mit muschelähnlichen eisenhaltigen Strukturen

Herbstlicher Wald an der Brandhöhe

Letzte Sonnenstrahlen an der Oybinaussicht

Seite 34: Die etwas verborgene Nadel in der Großen Felsengasse
Seite 35: Die Luisenhöhe bietet die schönste Aussicht
auf den Scharfenstein.

Wintermorgen auf der Lückendorfer Seite der Großen Felsengasse

Der Wald auf der Fürstenhöhe nach einem Schneesturm

Seite 38: Onkel und Tante – ein originelles Paar oberhalb der Eisgasse
Seite 39: Eine Landschaft voller Kontraste - Randfelsen des Töpfers und das Gebirgsvorland mit Olbersdorf und der Stadt Zittau

rechts: Ein schöner Wintertag geht zur Neige.

Der Papagei

Seite 42: Die Brütende Henne
Seite 44: Kalter Nebel steigt aus dem Zittauer Becken zum Töpfer empor.

Nieder-Oybin am
Ausgang des Oybintales

Ein Tag im Mai auf dem Töpfer

Eine Schildkröte und der Papagei

Felswände an der Ostseite des Töpfers

links: Formenreicher Fels unweit der Töpferbaude

Kantiger Felsblock mit interessanter Oberflächenverwitterung

rechts: Das Felsentor neben der Töpferbaude

Gabler Straße

Als einzige Ortschaft des Zittauer Gebirges liegt Lückendorf inmitten weiter Wiesenflächen auf dessen Südseite. Vom Waldrand aus erscheint es besonders klein, verstecken sich doch einige Häuser geradezu in dem sich verzweigenden Tal. Einer der ältesten und wichtigsten Handelswege des Mittelalters, die Gabler Straße, führte auf der Talsohle entlang. Sie ist nach Gabel, dem jetzigen Jablonné v Podještědí in Tschechien, benannt. Die Straße verband Gabel und Prag in Böhmen mit Zittau und Görlitz in der Lausitz und war Teil des Straßennetzes zwischen Italien und den Ländern im Norden. Über den Gebirgspass hinweg war die Straße steil und schlecht befestigt, sodass zusätzliche Pferde für die Überquerung erforderlich waren. Mit einem Vorspanndienst verdienten sich die Bewohner von Lückendorf ihr Brot. Es wird eine Schmiede, einen Ausschank und wenige Häuser gegeben haben.

Kaiser Karl IV. befahl im Jahre 1357 den Bau einer Zoll- und Geleitburg auf einem Felsrücken neben der Gabler Straße. Sie sollte für mehr Sicherheit auf der Straße, aber auch für zusätzliche Einnahmen sorgen. Er ordnete deshalb zusätzlich an, dass nur diese Straße als Handelsweg über das Gebirge benutzt werden dürfe. Während der Hussitenkriege im 15. Jahrhundert wurde die später als Karlsfried bezeichnete Burg jedoch niedergebrannt. Nach ihrem Wiederaufbau war sie, wie viele andere Befestigungen des Grenzgebietes, ein Raubritternest. Die Stadt Zittau kaufte deshalb 1442 die Burg und ließ sie niederreißen. Nur ein kärglicher Rest blieb erhalten – die Steine waren begehrtes Baumaterial. Für die Lückendorfer Kirche, ein schönes kleines barockes Gotteshaus mit dicken Mauern, wurden sie ebenfalls verwendet, obgleich die Grundsteinlegung der Kirche erst viel später, im Jahre 1690, direkt an der Gabler Straße innerhalb des historischen Ortskerns erfolgte.

Beim Bau der jetzigen Landstraße über das Gebirge bot sich wegen des Geländeprofils an, die alte Gabler Straße so weit wie möglich zu überbauen. Der steilste Straßenabschnitt aus Richtung Zittau blieb jedoch nahezu unverändert erhalten. Erde und Schotter bedecken hier das noch vorhandene grobe Pflaster. Ansonsten erinnern nur Hohlwege auf beiden Seiten des Passes an ihren ehemaligen Verlauf. Neben der Straße sind noch die Erdwälle zu sehen, welche die Fuhrleute zwangen, unmittelbar am Karlsfried vorbeizufahren.

links: Feldweg bei Lückendorf

Auf den Lückendorfer Wiesen – Blick zum Jeschkengebirge

Seite 52: Die Lückendorfer Kirche
Seite 53: Die bemalten Emporen der Lückendorfer Kirche
zeigen das Leben und Wirken Jesu.

rechts: In den Tälern Lückendorfs ist der Frühling eingezogen.

Noch erhaltener Abschnitt der Gabler Straße, einer Handelsstraße des Mittelalters

Ruine Karlsfried

Seite 54: Die tschechische Aussicht Popova skála (Pfaffenstein) bietet über das Weißbachtal hinweg einen Blick nach Lückendorf.
Seite 55: Umgebindehaus an der Lückendorfer Oberaue

rechts: Südlicher und Nördlicher Uhustein

Die König-Johann-Quelle

links: Hohler Lerchensporn auf dem Sokol (Falkenberg)

Mit Phonolithschutt bedeckter Südhang des Sokol (Falkenberg)

Kleine Kapelle mit Glockentürmchen in Petrovice (Petersdorf)

Die Landschaft Nordböhmens südlich von Lückendorf

Sandstein und Phonolith

Das Zittauer Gebirge besteht überwiegend aus kreidezeitlichem Sandstein, der im Tertiär an verschiedenen Stellen von glühendem Magma durchbrochen wurde. Es war überwiegend der Phonolith, auch Klingstein genannt, aus dem die Kuppen der höchsten Berge des Zittauer Gebirges wie Lausche, Hochwald und Jonsberg gebildet wurden. Sandstein und Phonolith – sie sind in verschiedenen Erdepochen entstanden und wurden in Jahrmillionen zu gegensätzlichen Landschaftselementen geformt. Bereits eine Halbtagswanderung kann uns im Zittauer Gebirge, dem Gebirge der kurzen Wege, zu den unterschiedlichsten Zeugnissen der Erdgeschichte führen.

Der rötliche Kelchstein ist sicherlich der bekannteste Fels des Gebirges. Er ist auch eines der gefragtesten Motive für Familienfotos: Eine Landstraße führt direkt an ihm vorbei. Die Felsen im Hintergrund werden vom motorisierten Besucher sehr oft nicht mehr wahrgenommen. Sie gehören zusammen mit dem Kelchstein und dem benachbarten Kelchsteinwächter zu den Rosensteinen, deren namensgebende rote Sandsteinschicht sich immer mehr verliert, je weiter man sich vom Kelchstein entfernt. Neben dem Grau bauchiger Felswände leuchten dafür die gelblichen Farbtöne des Sandes und das Grün der Moose und Farne auf. Sandsteinbänke, in deren Bewuchs noch nie durch Menschenhand eingegriffen wurde, wechseln sich mit vereinzelten Felstürmen ab. Eine breite feuchte Schlucht durchzieht die Rosensteine, die früher Nasse Grabensteine hießen, bevor das Gebiet durch Brunnenbohrungen trockener wurde. Die kleine und doch schöne Felsenstadt ist natürlich nicht mit den großen und berühmten Sandsteinstädten Böhmens zu vergleichen. Sie weist jedoch bei näherem Hinschauen die gleichen charakteristischen Merkmale auf.

Auf dem Weg zum Hochwald, dem zweithöchsten Berg, erreicht man am ehemaligen Johannisbrunnen auf der Ostseite des Berges den Quellhorizont und damit die Grenze von Sandstein zu Phonolith. Der Boden ist jetzt mit grauen Gesteinsblöcken bedeckt, die auf der Südseite ein kleines Blockmeer bilden. Ein Buchenwald löst die Fichtenbestände ab. Von hier aus ist es nicht mehr weit bis zum Sattel zwischen den beiden Hochwald-Gipfeln, wo sich Turm und Baude als Aussichtspunkte gegenüberstehen. Sie sind auch dann lohnendes Ziel, wenn dichter Nebel die Dörfer in den Tälern verhüllt. Hin und wieder lösen die ersten Sonnenstrahlen in Höhe des Buchenwaldes das trübe Grau ab. Dann erlebt der Wanderer einen der Tage, da sich die Landschaft in ein Wolkenmeer verwandelt und die benachbarten Berge zu Inseln werden.

Ungewohnter Blick auf den Jubiläumsturm

Eine Sandsteinbank mit typischer Vegetation

rechts: In den Rosensteinen

links: Eine überhängende
Felswand in den Rosensteinen

Dem Heidekraut genügt
ein erdiger Felsspalt.

Licht und Schatten
in den Rosensteinen

Verwitterte Felswand am Doppelkopf,
einem Kletterfelsen neben den Bienenhaidsteinen

Ein Sämling

links: Fichte, Kiefer und Heidelbeerstrauch auf einem Baumstumpf

Nach einem Graupelschauer

Eine durch Verwitterung entstandene »Sanduhr«

Ein Wolkenmeer umgibt den Hochwaldturm.

links: Der Kelchstein, ein Wahrzeichen des Zittauer Gebirges

Silbrig leuchtet der Hochwaldturm auf.

Die Wurzeln der Buchen krallen sich in die
Spalten einer Phonolithklippe am Hochwald.

links: Der Tag verlischt.

Geröllfeld am Südhang
des Hochwaldes

Stamm einer alten Buche

rechts: Im Schutz älterer Bäume wächst
die nächste Buchengeneration heran.

Auf dem Hochwald – über den Wolken die Lausche

Seite 78/79: Morgenstimmung auf dem Hochwald

Der Jezevčí vrch (Limberg) in Böhmen,
ein Nachbar des Hochwaldes

Holzstapel

Zwischen Nebel und Sonnenschein

Am Ještěd (Jeschken) geht die Sonne auf.

Berge zwischen Oybin und Jonsdorf

Naturfreunde, die zwischen den Tälern von Oybin und Jonsdorf unterwegs sind, können dabei recht vielgestaltige Berge kennenlernen. Zu ihnen gehört natürlich der sich allein schon durch seine außergewöhnliche Form von den anderen abhebende Oybin. Im Gegensatz zum belebten Oybin ist der geringfügig höhere und mit ihm durch einen schmalen Sattel verbundene Schuppenberg ein geradezu einsamer Berg. Kein einziger Weg durchschneidet seine felsigen und steilen Hänge, sodass zu seinen wenigen Besuchern nur einzelne Pilzsammler gehören.

Ihm gegenüber erhebt sich der Pferdeberg mit seinem langen, von Felsgalerien durchzogenen Hang. Hier wurde bereits im 19. Jahrhundert ein Gipfelsteig mit gelegten und ein paar in den Fels gemeißelten Stufen geschaffen – die Fremdenverkehrsvereine wollten ihren Gästen den Oybin von seiner vielleicht schönsten Seite präsentieren. Aus anderen Himmelsrichtungen gelangt man zwar auf bequemeren Wegen zum Pferdeberg, aber viele Bergbegeisterte ziehen den interessanteren historischen Aufstieg vor. Er zweigt vom Poetenweg ab, dessen Name an das Waldtheater erinnert. Es war Anfang des 20. Jahrhunderts eine der größten Naturbühnen Deutschlands; heute sind nur noch die Mauern des Orchestergrabens vorhanden. Der benachbarte Ameisenberg gilt als eine der schönsten und interessantesten Erhebungen des Gebirges, trotzdem ist er nicht überlaufen. Ein einzelner Forstweg führt unterhalb seiner Gipfelklippen entlang, die man von hier aus nur über Pfade erreichen kann. Zunächst erscheint es schwierig, unter ihnen den höchsten Fels und damit den Gipfel in der bei nebligem Wetter recht romantisch wirkenden kleinen Felsenstadt zu ermitteln. An ihm hat aber bereits 1859 Johann Friedrich Seidel einige Fußtritte als Aufstiegshilfe eingeschlagen. Dr. Alfred Moschkau nannte ihn 1883 den Götzenstein. Jetzt wird die östliche Aussicht des Ameisenberges als Götzenstein bezeichnet.

Der höchste und am mächtigsten wirkende Berg im Umkreis ist der Jonsberg. Seine Hänge begleiten Jonsdorf vom Ortseingangsschild bis zum letzen Haus vor der Grenze. Dicht bewaldet, bietet er nur wenige Aussichtspunkte. Einer von ihnen ist der Weiße Stein, eine Felsgruppe im nach Norden zu abfallenden Bergrücken. Dagegen ist der Johannisstein weiträumig von steileren Weideflächen umgeben. Vom hochgelegenen Oybiner Ortsteil Hain in wenigen Minuten erreichbar, zählt er zu den schönsten Aussichtsbergen. Von ihm reicht der Blick weit über das Jonsdorfer und Oybiner Tal hinaus.

Auf der Basteiaussicht am Ameisenberg

Seite 88: Das Oybintal mit dem Ameisenberg
Seite 89: Am Weißen Stein – das Gebirgsvorland
und Berge des Lausitzer Berglandes

rechts: Der Oybintalwächter am Ameisenberg

Felsabsatz über dem Hausgrund

Seite 90:
links oben: Farbnuancen des Roten Fingerhuts
rechts oben: Mondviolen an der Totenlehne im Hausgrund
links unten: Blühender Waldmeister im Laubwald des Jonsberges
rechts unten: Steinpilz
Seite 91: Felsblock in der Felsenstadt des Ameisenberges

links: Am Thomasweg

Markante Kiefer am Weißen Stein

rechts:
links oben: Die Lausche vom Jonsberggipfel
rechts oben: An der Ludwigshöhe beim Ortsteil Hain
links unten: Verschneite Schonung am Jonsberg
rechts unten: Der erste Hauch des Winters

links:
Nebel im Oybiner Talkessel

Der Oybiner Ortsteil Hain
über dem Eschengrund

Märzenbecherwiese bei Valy
(Schanzendorf)

Mühlsteine

Das Wappen von Jonsdorf könnte außer Schäfer Jonas, von dem der Ort der Sage nach seinen Namen hat, auch einen Mühlstein zeigen. Für einen Zeitraum von etwa 350 Jahren hat die Gewinnung und Herstellung von Mühlsteinen aus Sandstein die Entwicklung von Jonsdorf maßgeblich geprägt.

In unmittelbarer Nähe des Ortes stellte 1560 eine Familie Richter beim Brechen von Sandstein fest, dass sich dieser durch vulkanische Einflüsse harte und trotzdem luftdurchlässige Stein hervorragend als Mühlstein eignet. Bereits in den Folgejahren lieferte man die ersten Steine aus. Der Bedarf an Jonsdorfer Mühlsteinen stieg, weil deren Qualität von keinem anderen Standort in Deutschland erreicht wurde. Späterhin erschloss man drei weitere große Brüche, die diese Landschaft nachhaltig veränderten. Nur ein geringer Teil des Gesteins war für die Herstellung von Mühlsteinen geeignet; der nicht nutzbare Abraum wurde außerhalb der Brüche abgekippt. Beim Bruch Schwarzes Loch, dem größten und tiefsten Steinbruch, wurde zusätzlich ein Tunnel durch den Berg getrieben. Die wirtschaftlich erfolgreichste Zeit war um 1883/84, da Russland zum Hauptabnehmer wurde. Der Niedergang der Produktion begann mit dem Einsatz künstlicher und somit günstigerer Steine. Der Bau moderner Mühlen mit Stahlwalzen führte zum endgültigen Aus für die Steinbrüche. Sie wurden 1918 geschlossen und sich selbst überlassen. Seitdem erobert der Wald das Areal zurück. Die Halden, auf alten Postkarten den Karen im Hochgebirge gleichend, sowie die zugehörigen künstlichen Geländestufen, auf denen die Gleise für den Transport des Gesteinsschutts lagen, nimmt der Wanderer schon jetzt kaum mehr wahr. Auch auf dem Grund der Brüche hat sich auf natürlichem Wege eine Waldgesellschaft angesiedelt, wobei einzelne Bäume bereits die Felswände überragen.

In Jonsdorf wurde ein Kapitel der Mühlengeschichte geschrieben. Ein Lehrpfad berührt die wichtigsten und interessantesten Punkte der Mühlsteinbrüche. An weiteren geologischen Details vorbeiführend, erreicht er am sogenannten Alpenpfad die Grenze des Naturschutzgebietes Jonsdorfer Felsenstadt.

Zur gleichen Zeit, als die Mühlsteinherstellung ihren Höhepunkt erlebte, bot sich auch für Jonsdorf der Fremdenverkehr als Einkommensquelle an. Auf der anderen Talseite wurde das bizarre Felsgebilde der Nonnenfelsen durch Enthusiasten und Geldgeber für jedermann zugänglich gemacht. Dank bequem nach oben führender Stufen, einer Aussicht, Gasthaus und Gondelteich im Tal avancierten die Nonnenfelsen schon frühzeitig zu einem der beliebtesten Ausflugsziele im Zittauer Gebirge.

Kurpark und Kirche in Jonsdorf

Jonsdorfer Umgebindehaus mit Schieferverkleidung

Mühlsteine neben dem Jonsdorfer Gemeindeamt

rechts: Haus an der Zittauer Straße in Jonsdorf

Der Steinbruch Schwarzes Loch

Ein Gang zum Steinbruch Schwarzes Loch

links: Die Steinbruchschmiede

Jahreszahl in einem ausgemeißelten Gang am Schwarzen Loch

Seite 106:
links oben: Die Kaffeekanne oder Henningsäule,
benannt nach einem Steinbrucharbeiter namens Henning
rechts oben: Der Löwe
links unten: Der Bernhardiner
rechts unten: Die Kleine Orgel mit ihren senkrechten Sandsteinsäulen, ein Naturdenkmal
Seite 107: Einzelne Sandsteinsäulen der Großen Orgel

rechts: Pferdefigur in den Mühlsteinbrüchen

Felsen am Rand der Jonsdorfer Felsenstadt

Hohlweg zwischen Jonsdorf und den Krkavčí kameny (Rabensteine)

Seite 110: Schmelzendes Eis im Mönchsloch
Seite 111: In den Zigeunerstuben

Lausche und Waltersdorf

Aus geologischer Sicht ist das Zittauer Gebirge kein eigenständiges Gebirge, sondern gehört zum flächenmäßig größeren Lužické hory (Lausitzer Gebirge) in der Tschechischen Republik. Die Landesgrenze verläuft genau über den Gipfel der Lausche. Sie ist mit 793 Metern der höchste Berg sowohl des Zittauer wie auch – als Luž – des Lausitzer Gebirges. An ihrer kuppelförmigen Silhouette und dem Hickelstein mit seinem Felsgrat kann man die Lausche schon von Weitem ausmachen. In alten Reisebeschreibungen lobte man sie als Königin und die hervorragende Fernsicht von ihrem Gipfel. Über den Bau eines einfachen Aussichtsturmes wird heute in der Öffentlichkeit diskutiert.

Am nordöstlichen Abhang der Lausche kommt noch der letzte naturnahe Bergwald des Zittauer Gebirges vor. Trotz des relativ geringen Höhenunterschiedes verändert sich die Waldgesellschaft infolge der Zusammensetzung des Bodens. Der kräuterreiche und mit anderen Laubbäumen vermischte Buchenwald wird weiter oben von einem farnreichen Wald abgelöst. Im Gipfelbereich sind es Gräser, die zwischen den Bäumen wachsen. Extremeres Klima und vor allem Wind beeinflussen den Baumwuchs bis hin zu teils skurrilen Formen. Bereits mehrmals wurden im Herbst engmaschige Netze zwischen den Bäumen in der Nähe des Lauscheborns ausgelegt, um deren Früchte zu ernten: Für die Umgestaltung von Monokulturen ähnlicher Höhenlagen in Mischwälder wird auf das Erbgut von Bäumen zurückgegriffen, die sich seit Langem solchen unwirtlichen Bedingungen angepasst haben.

Waltersdorf erstreckt sich vom Vorland aus immer steiler werdend bis zum Gebirgspass neben der Lausche. Viele Umgebindehäuser mit ihren auffälligen Holzbalken säumen die Dorfstraße. Die ersten Beispiele dieser Fachwerk- und Blockbauweise kombinierenden Architektur sind vermutlich bereits im 15./16. Jahrhundert entstanden; heute ist sie im Dreiländereck weit verbreitet. Auf dem Tragwerk ruht das Dach oder noch ein Obergeschoss und »umbindet« die Blockstube. Die Bauausführung unterlag böhmischen und fränkischen Einflüssen. Ein Teil des Hauses ist meistens in Massivbauweise ausgeführt, weil er als Speicher und Stall diente. Die Hauseingänge sind häufig mit einem Türstock aus Sandstein umgeben, oft mit einer Jahreszahl im Schlussstein versehen und teilweise kunstvoll verziert. Der Stein wurde am Sandsteinsockel der Lausche und am Sonneberg gebrochen. Die Güte des Blockes bestimmte den Einsatzzweck. Von Steinen für Kirchen über Portale von Bürgerhäusern bis zu einfachen Treppenstufen und Steinen für den Bau von Mauern reichte die Palette.

Die Lausche mit ihrem mächtigen Sandsteinsockel

Blick auf Lausche und Weberberg von den Feldern am Steinberg

Seite 116: Türstock und Haustür harmonieren miteinander.
Seite 117: Wie hier in Waltersdorf werden die Umgebindehäuser von ihren Bewohnern liebevoll gepflegt.

Die Lausche über den Wiesen bei Dolní Světlá (Niederlichtenwalde)

Waltersdorfer Ortsteil Neu Sorge

Omnia Comin deo
Nihil sine Eo
Alls mit Gott
1732
Und nichts ohn ihn

72

Am Lauscheborn

Im Bergwald der Lausche

rechts: Ein Blick in das Kronendach

Am Lauschegipfel

rechts: Der Waltersdorfer Pass mit dem Plešivec (Plissenberg) und dem Hochwald

Am Wegesrand von Waltersdorf nach Myslivny (Jägerdörfel)

Grenzstein auf dem Lauschekamm

links: Am Weberberg verwächst der Ausblick auf Lausche, Hochwald und Ještěd (Jeschken) immer mehr.

Der Oberlauf des Pfarrbaches – ein schäumender Wildbach während der Schneeschmelze

links: Die Sängerhöhe

Seite 126: Am Finkenhübel
Seite 127: Die Landbrücke über die Lausur

Gebirgsvorland

Als offene und lebendig wirkende Landschaft empfängt uns das Vorland unterhalb der Bergkette des Zittauer Gebirges. Durch einen Höhenzug, dessen höchsten Punkt der Breiteberg bildet, wird es in zwei Becken unterteilt. Die Mandau, ein kleiner Fluss mit großem Einzugsgebiet, umgeht das Hindernis in weitem Bogen und durchbricht dabei in Roscher- und Schülertal eine vulkanische Decke. Im hügeligen Land dominieren Äcker und Wiesen, die aber durch ihre geschwungenen Feldränder keine Monotonie aufkommen lassen. Die freien Flächen werden immer wieder von kleinen Wäldchen, einzelnen Baumgruppen, aus Feldgehölzen bestehenden Rainen oder einigen für die Fischzucht angelegten Teichen abgelöst. Unübersehbar ist die dichte Besiedlung des Vorlandes. Außer der Stadt Zittau sind es mehrere schmale, dafür umso längere ehemalige Waldhufendörfer, die dem Lauf der Mandau und ihrer Zuflüsse folgen.

Wie jede andere Landschaft veränderte sich auch das Gebirgsvorland in kleinen und großen Zeitspannen. Feldwege mit ihrer auf ein Pferdegespann abgestimmten Breite und ihren blühenden Rändern sind rar geworden. Stattdessen durchziehen jetzt Betonstraßen, mittlerweile für eine effektiv zu betreibende Landwirtschaft unverzichtbar, die Felder. Demgegenüber konnten frühere Eingriffe in die Landschaft rückgängig gemacht werden. Einzelne kanalisierte oder verrohrte Bachabschnitte sind zu einem neuen Lebensraum für Tiere und Pflanzen zurückgebaut worden. Seit der jüngsten Vergangenheit bereichern mit dem etwa 60 Hektar großen Olbersdorfer See und dem Grundbachsee zwei größere Gewässer das Vorland. Sie entstanden bei der Rekultivierung des einst wirtschaftlich notwendigen Olbersdorfer Kohletagebaus. Sein Gelände wurde in Vorbereitung der Landesgartenschau 1999 unter dem Motto »Landschaft nach dem Bergbau« zu einem beliebten Naherholungsgebiet umgestaltet. Auf den ehemaligen Halden wurden für unsere Region typische Gehölze angepflanzt, die jetzt ein zusammenhängendes Waldgebiet bilden. Mit dem Wasser des Grundbaches, des einzigen Zuflusses des Olbersdorfer Sees, hatte man über Jahre hinweg das sanierte Tagebaurestloch geflutet. Der Bachlauf wurde dabei weitläufig um die Halden herum verlegt. Sein geplanter und weitgehend erreichter naturnaher Zustand hat inzwischen selbst den Eisvogel angelockt. Eine kleine Fläche des Tagebaugebietes wurde in ihrem ursprünglichen Zustand belassen. Sie soll Erkenntnisse darüber liefern, wie sich Flora und Fauna ohne den Einfluss des Menschen verändern.

links: Die Napoleonslinde auf dem Butterhübel

Wiesen und Felder bei den Eichgrabener Teichen

links: Das »Röhrhäusel« von 1726 in Hartau diente bis 1864
der Sammlung von Quellwasser für die Stadt Zittau.

Ein am Olbersdorfer See aufgestelltes Schaufelrad erinnert an den Bergbau.

Der Olbersdorfer See entstand durch die Rekultivierung des zentralen Abbaubereiches des Tagebaus Olbersdorf.

rechts: Am Olbersdorfer See

Die Kirche von Bertsdorf diente als Vorbild weiterer
barocker Dorfkirchen in der südlichen Oberlausitz.

rechts: Das dunkle Holz verstärkt
noch die Wirkung der Blütenpracht.

Eine frei stehende Eiche vor dem Breiteberg

links: Bertsdorf und das Zittauer Gebirge

Seite 138: Der Alte Teich am Steinbüschel
Seite 139: Im Wasser des Gold-Fabians-Teichs spiegelt sich die Lausche.

Zwischen Bertsdorf und Großschönau

rechts: Rückkehr des Winters am Pochebach

D.O.M.
Der Wohlgebohrne Herr, Herr
Das Blut Jesu Christi des Sohnes
es macht uns rein von allen Sünden
Steh stille Wanders Mann und wisse
Der sehe gleich wie Du der sterbe gleich wie Du.

Die Großschönauer Kirche mit dem Grabmal von Johann Eleazar Zeissig, ehemals Professor an der Kunstakademie Dresden

Das Torhaus des Alten Schlosses in Hainewalde

links: Die barocke Kanitz-Kyawsche Gruftkapelle von 1715 auf dem Hainewalder Friedhof

Blockwerk an den Hängen des Roschertales

rechts: Die Himmelsbrücke über die Mandau in Hainewalde

Ein blühendes Tor auf den Feldern bei Hainewalde

Die Türkenbundlilie, ein Kleinod des lichten Laubwaldes

Das Bergwohlverleih, besser bekannt als Arnika

Die Mandau verlässt das Schülertal.

rechts: Blick vom Schülerbusch auf Hörnitz

Auf den Feldern bei Großschönau

rechts: Im Gebirgsvorland bei Hainewalde

Impressum
Herausgeber:
Edition Sächsische Zeitung

Grafische Gestaltung:
Thomas Walther, BBK
Satz, Repro, Bildbearbeitung:
www.oe-grafik.de
Druck:
Druckhaus Dresden GmbH

ISBN 978-3-938325-86-5